Anene K. Wodajo

Transitários ao abrigo do regime jurídico da Etiópia

Anene K. Wodajo

Transitários ao abrigo do regime jurídico da Etiópia

Uma análise comparativa com o quadro jurídico internacional relativo aos transitários

ScienciaScripts

Cover image: www.ingimage.com

This book is a translation from the original published under ISBN 978-3-330-33175-4.

Publisher:
Sciencia Scripts
is a trademark of
Dodo Books Indian Ocean Ltd. and OmniScriptum S.R.L publishing group

120 High Road, East Finchley, London, N2 9ED, United Kingdom
Str. Armeneasca 28/1, office 1, Chisinau MD-2012, Republic of Moldova, Europe
Printed at: see last page
ISBN: 978-620-8-29851-7

Agradecimentos

Estou eternamente grato ao meu Criador e Mantenedor, pois ele tem sido a minha pedra angular em todas as áreas da minha vida.

Gostaria de agradecer à minha orientadora de tese, Elda Belja, que me permitiu trabalhar sobre este tema que tanto me interessava, graças à sua compreensão, conselhos e apoio generoso. Foi um prazer trabalhar com ela.

Estou muito grato ao Instituto de Direito Marítimo Internacional da OMI, à Fundação Nippon e à LAMBERT Academic Publishing (LAP) pela oportunidade que me foi generosamente oferecida.

Antes de mais, gostaria de agradecer à minha família e aos meus amigos que acreditaram em mim e foram uma fonte de motivação.

ASEAN - Association of Southeast Asian Nations.

CLECAT - European Liaison Committee of Common Market Forwarders.

EACFFPC - East African Customs Freight Forwarding Practicing Certificate.

FBL - Forwarders Bill of Lading.

FIATA - International Federation of Freight Forwarders Associations.

MTO - Multimodal Operators.

NVOCC - Non Vessel Operating Common Carrier.

SDR – Special Drawing Rights.

STC - Standard Trading Conditions.

STC - Standard Trading Conditions.

UN - United Nations.

UN ECOSOC – United Nations Economic and Social Council.

UNCITRAL - United Nations Commission on International Trade Law.

UNCTAD - United Nations Conference on Trade and Development.

UNCTAD/ICC - United Nations Conference on Trade and Development Rules for Multimodal Transport Documents.

UNECE - United Nations Economic Commission for Europe.

UNESCAP - United Nations Economic Commission for Asia Pacific.

UNIDROIT - International Institute for the Unification of Private Law.

INTRODUÇÃO

O transporte marítimo internacional é um sector dinâmico que envolve muitos intermediários profissionais. O transporte de diferentes mercadorias entre países e territórios exige uma multiplicidade de transportadores, requisitos e documentos legais. Um transitário é um dos intermediários no mundo dos transportes marítimos. Devido aos serviços profissionais que prestam, os transitários são designados por alguns especialistas como "arquitectos de transportes". Por esta razão, os serviços de transitário são geralmente utilizados por empresas envolvidas em actividades internacionais de importação e exportação.

Tal como o transporte marítimo internacional, o sector dos transitários etíope evoluiu consideravelmente com a introdução do transporte multimodal de mercadorias e da contentorização, que revolucionou o sector do transporte marítimo. Além disso, a Ethiopian Freight Forwarders and Shipping Agents Association (EFFSAA) tem desempenhado um papel importante na congregação de forças entre transitários e agentes de navegação na Etiópia. No entanto, a Etiópia não dispõe de legislação exaustiva neste domínio. A legislação existente dificilmente reflecte o estatuto jurídico real dos transitários no sector marítimo.

O presente documento examina e discute o estatuto jurídico do transitário no sistema jurídico etíope, através de uma análise comparativa do quadro jurídico internacional aplicável aos transitários. O primeiro capítulo do presente documento apresenta os antecedentes e o estatuto do transitário em diferentes sistemas jurídicos. O segundo capítulo é dedicado ao transitário e ao contrato de transporte de mercadorias. O quadro jurídico internacional aplicável aos transitários é analisado no terceiro capítulo. O quarto capítulo analisa o sistema jurídico etíope aplicável aos transitários. Por último, são formuladas recomendações e conclusões.

CAPÍTULO 1

1. INFORMAÇÕES DE BASE SOBRE AS TRANSPORTADORAS

O contexto histórico do transitário remonta ao tempo do Império Romano; regra geral, uma carga de mercadorias em trânsito era sempre acompanhada por um agente, que era obrigado a cuidar da remessa e a atuar em nome do comerciante proprietário.[2] Os comerciantes ingleses e flamengos que vendiam lã e outras mercadorias uns aos outros também estavam envolvidos; durante a maior parte da história, o proprietário da carga era a pessoa que a transportava. Um dos primeiros transportadores efectivos foi Thomas Meadows and Company Limited de Londres, Inglaterra. Com a crescente fiabilidade do transporte ferroviário e da navegação a vapor, surgiu subitamente uma procura para a incipiente indústria naval.[3] É por esta razão que muitos cientistas se referem ao transitário como o "arquiteto dos transportes".

O crescimento do comércio internacional levou a um aumento da procura de transitários, cujas tarefas incluíam o aconselhamento sobre documentação e requisitos aduaneiros no país de destino.[3] Consequentemente, o sector dos transitários desenvolveu-se e tornou-se uma parte importante do comércio internacional no que diz respeito à coordenação e ao transporte de mercadorias de um local para outro por um ou mais transportadores por via aérea, marítima, ferroviária ou rodoviária.

O estatuto do transitário varia de um sistema jurídico para outro. Esta parte da tese aborda a definição e o conceito de transitário, o estatuto de agente, o *dilema "agente e principal"* e o conceito de transitário nos sistemas de direito civil e de direito consuetudinário.

1.1. Definição e conceito de transitário

Devido à natureza das obrigações contratuais que assumem, os transitários estão ligados a uma instituição de direito económico e o contrato constitui a base jurídica para que o "*comitente*" actue no interesse do "*agente*". [4] Tradicionalmente, a principal tarefa do transitário consistia em ajudar os

[2] Hans Joachim Schramm; *Freight Forwarder's Intermediary Role in Multimodal Transport Chains: The Social Network Approach* (alemão: Springer-Verlag Berlin Heidelberg, 2012) p. 13.

[3] http://temando.blogspot.com.mt/2013/10/a-brief-yet-surprising-history-of.html

[4] Dorka Tushevska; *Civil Law Versus Common Law Concept of Freight Forwarders* (Balkan Social Science Review, Vol. 4, dezembro de 2014) p. 46.

comerciantes a preparar e reservar a carga para o transporte subsequente. Ao fazê-lo, prestava uma série de serviços relacionados com o transporte e também com o contrato de transporte na qualidade de agente do comerciante.[5] O professor Alan E. Branch define o transitário da seguinte forma:[6]

"Entidade/empresa responsável pelo tratamento da carga de exportação/importação em nome dos clientes/transportadores num porto marítimo, aeroporto, etc. Num porto marítimo, tal incluiria a recolha da carga, a recolha e emissão de conhecimentos de embarque, a notificação da chegada e o carregamento de mercadorias, a alfândega, a documentação de importação e exportação, os certificados de expedição, a organização da triagem da carga, a armazenagem frigorífica, o armazenamento, o transporte para o destino final, incluindo o continente vizinho, as inspecções de carga/danos, as inspecções da Lloyd's/agentes de navegação, etc., também conhecido como transitário."

Embora não exista uma definição padrão de transitário, as regras modelo da Federação Internacional das Associações de Transitários (FIATA) para transitários e serviços de transitários contêm as seguintes definições:[7] :

***"Transitário** é a pessoa que celebra um contrato de prestação de serviços de transporte marítimo com um cliente".*

"Serviços de transporte marítimo *são serviços de qualquer tipo relacionados com o transporte (por um ou mais modos de transporte), consolidação, armazenagem, manuseamento, embalagem ou distribuição de mercadorias, juntamente com serviços auxiliares e de consultoria conexos, incluindo, entre outros, questões aduaneiras e fiscais, declaração de mercadorias para fins regulamentares, obtenção de seguros para mercadorias e cobrança ou obtenção de pagamentos ou documentos relativos a mercadorias."*

No entanto, é mais fácil compreender um transitário pela sua função ou actividades. Um transitário tem quatro actividades principais:

a) Fornecimento de uma gama de serviços independentes, tais como embalagem, armazenamento, agência portuária e desalfandegamento;

b) Aconselhamento em todos os domínios da distribuição internacional de remessas, tal como identificado na análise da distribuição do transporte;

c) Na qualidade de carregador, o agente efectua o transporte/espaço

[5] Jan Ramberg; *Unificação do direito internacional do transporte de mercadorias* (artigo: RDU 1998-1) p. *5,* http://www.unidroit.org/english/publications/review/artides/1998-1-ramberg-e.pdf.
[6] http://pdf.usaid.gov/pdf docs/Pnadl101.pdf.
[7] http://fiata.com/uploads/media/Model Regras 07.pdf

marítimo sem segurança em nome do seu comitente/carregador e executa as suas instruções;

d) A título principal, geralmente como transportador multimodal que transporta mercadorias de A para B através de fronteiras internacionais e envolve normalmente vários transportadores, muitas vezes como transportador comum que não opera navios (NVOCC).

Em termos gerais, um transitário actua como intermediário entre um expedidor e vários serviços de transporte. No entanto, o seu serviço inclui igualmente serviços logísticos que utilizam as modernas tecnologias da informação e da comunicação para o transporte, a manipulação ou o armazenamento de mercadorias e, de facto, a gestão completa da cadeia de abastecimento.[8] Por este motivo, a presente informação sobre os serviços logísticos e os transitários é adoptada pela FIATA e pelo Comité Europeu de Ligação dos Carregadores do Mercado (CLECAT) para esclarecer a importância do transitário e dos serviços que presta.

Em suma, um transitário é uma pessoa que recolhe regularmente pequenas remessas numa remessa e assume a responsabilidade de transportar essas mercadorias do local de receção para o local de destino. Quando um transitário embarca com os seus próprios conhecimentos de embarque, os agentes ou parceiros no destino (transitário ultramarino) são responsáveis pelo envio dos documentos, pela desconsolidação e pela recolha da carga. [9] O desenvolvimento do transporte misto levou os transitários a tornarem-se os mandantes do processo de transporte e a aproximarem o seu estatuto jurídico do do transportador.

[10]Com base na descrição económica do transporte marítimo por Glass, é descrito como "a junção de dois ou mais modos de transporte ao abrigo de um acordo contratual que prevê ou autoriza essa junção". Na prática, isto significa que um carregador pode dar instruções a um transitário para levar as suas mercadorias para algum lugar - caso em que o transitário é efetivamente o transportador ou fazer com que as suas mercadorias sejam transportadas por outra parte - caso em que o transitário pode simplesmente atuar como transportador. O estatuto do transitário enquanto agente, "*o dilema entre agente*

---

[8] Documento de posição conjunta do CLECAT e da FIATA sobre o seminário da UNECE relativo ao papel dos transitários e da logística nas cadeias de transporte intermodais (documento de posição conjunta, junho de 2014), p. 2.

[9] http://www.universalcargo.com.

[10] David A Glass; *Freight Forwarding and Multimodal Transport Contracts* (Londres: Routledge, 2 ed., 2012) p.1.

e comitente", é discutido na secção seguinte.

1.2. O transitário: o dilema do agente ou do contratante principal

Esta distinção rege a relação contratual entre as partes (expedidor ou proprietário das mercadorias, transitário e transportador) e tem impacto na responsabilidade das partes em caso de dano.[11]

1.2.1. O transitário como intermediário

Tradicionalmente, o agente de transporte é um intermediário que assiste principalmente os comerciantes. Este agente pode ser uma pessoa singular ou colectiva que actua em nome e por conta do seu comitente (geralmente o exportador ou o importador) e que executa as suas instruções sem poder escolher os meios e os métodos de transporte.[12] Por outras palavras, um transitário que actue como agente está sujeito às regras estabelecidas para atuar como agente, tais como o exercício da devida diligência no cumprimento das suas obrigações, a lealdade para com o comitente, o cumprimento das suas instruções razoáveis e a capacidade de declarar todas as transacções que efectua em nome do seu comitente.[13]

Além disso, o papel de um transitário é organizar o transporte por subtransportadores em nome do carregador ou do proprietário das mercadorias. O transitário actua igualmente como intermediário nos contratos entre o carregador e os transportadores e, em geral, não manuseia nem toma posse das mercadorias. Nesta situação, o transitário é apenas responsável pela celebração de contratos de transporte em nome do carregador. Consequentemente, em caso de perda ou dano das mercadorias, a reclamação do expedidor é normalmente feita diretamente contra o transportador e não contra o transitário.[14] O transitário, por outro lado, tem direito a todas as defesas e limitações de responsabilidade disponíveis para um agente.[15]

1.2.2. O transitário como contratante principal

No sistema comercial moderno, a atividade de um transitário é geralmente

---

[11] White Law Twining Law Corporation; *Carriers: Agent vs. Principal* (TRUCKING NEWS: 26 de abril de 2013), file:///C:/Users/admin2/Downloads/news publications.pdf.

[12] A.V. Chebotarenko e V.P. Lebedev; *Freight Forwarder as a Carrier and Professional Intermediary* (Ucrânia: International Law Offices, 17 de janeiro de 2011).

[13] http://www.forwarderlaw.com/library/view.php?article id=736.

[14] White Law Twining Law Corporation; *op. cit.*

[15] www.forwarderlaw.com; *op. cit.*

considerada como uma ação profissional e qualificada, tanto na qualidade de agente como de comitente. Quando o transitário actua como mandante, efectua o transporte em seu próprio nome. Nestes casos, a sua responsabilidade perante o expedidor é muitas vezes semelhante à de um transportador.[16] Quando o transitário actua como transportador, os critérios para estabelecer a diferença são os seguintes:[17]

a) se o transportador efectuou parte do transporte com o seu próprio pessoal ;

b) se o cliente ou o seu representante tiver recebido um conhecimento de embarque emitido por outra parte ;

c) se o cliente tiver escolhido a transportadora aérea

d) se os documentos entregues ao cliente antes da entrega da mercadoria para transporte contêm uma explicação adequada do papel do transportador;

e) se existia uma relação comercial antes da transferência em causa; e

f) a forma como o transitário facturou os seus serviços (e, nomeadamente, se o imposto foi designado como frete)

Quando um transitário actua como comitente, assume geralmente a responsabilidade pelo transporte, quer tome ou não efetivamente posse das mercadorias. O transitário não celebra contratos de transporte em nome do expedidor, mas actua como transportador efetivo das mercadorias. O transitário pode transportar as mercadorias com a sua própria frota de veículos ou subcontratar o transporte a subtransportadores.[18]

Para além disso, o serviço prestado pelas maiores empresas de transporte incluiria também a obtenção dos vários contratos necessários para transportar as mercadorias do início ao fim. O transitário reuniria então cargas de encomendas de diferentes expedidores para diferentes destinatários, utilizando a capacidade de transporte que negociou com os diferentes transportadores. Esta importante função é geralmente designada por consolidação de cargas.[19]

Neste caso, entra novamente em jogo *o dilema entre o comitente e o transitaÂ* rio, uma vez que, em tais casos, um transitaÂ rio pode concordar em agir para o mesmo cliente quer como comitente quer como agente. Em especial, se o transitaÂ rio atuar como consolidador de fretes, surgem dificuldades em

---

[16] William Leung; *Carrier: agent or principal contractor* (Hong Kong), http://info.hktdc.com/shippers/vol29 3/vol29 3 legaltramework.htm.

[17th] W illiam Tetley; *Marine Cargo Claims* (Canadá: Editions Yvon Blais, 4 ed., 2008) p. 1700.

[18] White Law Twining Law Corporation; *op. cit.* p. 3.

[19] Jan Ramberg; *op. cit.* p.5.

determinar se, na transaccËaÄ o que daÂ origem aÁ responsabilidade do transitaÂ rio, este deve, naÄ o obstante, ser considerado como agente ou antes como comitente.[20]

Não existem regras fixas para determinar se o transitário actua como agente ou como contratante principal. O papel do transitário depende dos factos de cada caso. [21]No entanto, existem alguns factores determinantes gerais:

a) A forma como a transportadora descreve as suas obrigações nos documentos contratuais;

b) A forma como as partes se trataram mutuamente no passado ;

c) se tiver sido emitido um conhecimento de embarque ;

d) A forma como o conhecimento de embarque (se emitido) foi assinado ;

e) se as condições que figuram no verso do conhecimento de embarque (que geralmente indicam que o transitário é um mero agente) correspondem às condições que figuram na frente do conhecimento de embarque;

f) Se o carregador soubesse qual o transportador que iria efetivamente transportar as mercadorias ;

g) O método de pagamento: o transitário cobrou um montante constituído pelo frete e outros custos, cobrando depois outro montante ou uma percentagem como custos, ou cobrou um montante fixo?

AleÂm disso, o transitaÂ rio, quer seja agente ou comitente, tenta geralmente (como eÂ o caso no comeÂrcio) evitar a responsabilidade tanto quanto possível. Este facto tem resultado frequentemente em condições comerciais normalizadas muito confusas, que definem os dois papéis e tipos de responsabilidade opostos do agente e do comitente.[22] No entanto, tal depende dos factos de cada caso e da lei de cada jurisdição. A secção seguinte examina, portanto, o conceito de transitário no direito civil e no direito comum.

1.3 O conceito de transitário nos sistemas jurídicos de direito civil e de direito consuetudinário

No domínio do transitário, não existem convenções internacionais que definam o estatuto do transitário e, consequentemente, as obrigações e a responsabilidade do transitário enquanto agente ou contratante principal dependem da legislação nacional. Consequentemente, a questão do estatuto do

[20] Ibid.
[21] William Tetley, *op. cit.* p. 1699.
[22] Ibid, p. 1697.

transitário nos diferentes sistemas jurídicos está ligada à responsabilidade do transitário nos termos do contrato de transporte.

Este contrato é tratado de forma adequada de acordo com o sistema jurídico de cada ordem jurídica. O sistema alemão, por exemplo, trata o contrato como uma instituição *sui generis* de direito económico. O sistema francês trata o contrato como uma espécie de transação de comissão.[23] A jurisprudência inglesa e americana tem aplicado o princípio de que o contrato de agência consiste na prática, pelo agente, de actos jurídicos e factuais destinados a estabelecer obrigações contratuais entre o comitente e o terceiro.[24]

Nos países de direito consuetudinário, o transitário é geralmente tratado como um agente, uma vez que os direitos e obrigações se baseiam em grande medida no conceito de agência, em que um transitário actua em nome do expedidor ou do destinatário ao organizar o transporte de mercadorias. O princípio geral é o de que uma relação de agência surge entre duas partes quando estas consentem na criação de tal relação entre si. Este consentimento pode ser expresso ou resultar do comportamento das partes e das circunstâncias das suas transacções comerciais.[25] No entanto, a evolução do transitário, de mero "agente" a "mandatário", pode ser rastreada na common law até *Jones contra European and General Express Co (1920)*. Nessa altura, o transitário actuava como contratante principal, efectuando o transporte em seu próprio nome. Cobrou então taxas de frete mais baixas ao transportador e obteve o seu lucro com a diferença entre os dois preços.[26]

Nos sistemas de direito civil, é adoptada uma aceitação diferente (e mais matizada) da representação indireta. Como representante indireto, num sistema de direito civil, um transitário actuará como agente em relação ao seu cliente, o expedidor, mas pode ser o principal na sua atividade, organizando o transporte com as partes executantes.[27] Consequentemente, o contrato de transitário não é mais do que a clássica "agência" nas partes em que o transitário actua como transportador; praticamente executa as obrigações do "contrato de empresa".[28]

No que se refere à responsabilidade do transitário, os dois sistemas jurídicos adoptam geralmente uma abordagem diferente. No direito consuetudinário, o

[23] Borka Tushevska, *op. cit.* p.49.
[24] A.V. Chebotarenko e V.P. Lebedev; *op. cit.*
[25] http://www.forwarderlaw.com/library/view.php2article_id5736.
[26] William Tetley, *op. cit.* pp. 1694-1695.
[27] file:///C:/Users/admin2/Downloads/macquarie law journal volume 14 2014-peter cain.pdf.
[28] Borka Tushevska; *op. cit.*, p. 49.

terceiro pode processar tanto o transitário como o comitente, de modo que este último pode evitar a responsabilidade revelando a identidade do comitente. No direito civil, o transitário é sempre parte no contrato, pelo que só pode fazer valer os seus direitos distanciando-se do comitente.[29]

Na economia moderna, o transitário actua como um prestador de serviços, responsável pelas mercadorias ao longo de todo o percurso de transporte. Este facto leva à integração dos serviços de transitário e da logística moderna nos modos de transporte não marítimos ou nas empresas de transporte multimodal, que são abordados no capítulo seguinte.

---

[29] Ibid, p. 64.

CAPÍTULO DOIS

2. O TRANSPORTADOR E OS CONTRATOS DE TRANSPORTE DE MERCADORIAS

O transitaÂ rio sempre desempenhou um papel importante no transporte internacional de mercadorias. Embora tradicionalmente conhecido como um agente que organiza o transporte das mercadorias do seu cliente/expedidor, o papel do transitário evoluiu com o desenvolvimento do comércio internacional. Para compreender o papel do transitário no transporte de mercadorias, é importante discutir a função do transitário e o seu papel no transporte de mercadorias. Por conseguinte, o presente capítulo aborda o papel e a função de um transitário, a sua relação com os serviços logísticos, as obrigações de um transitário, a responsabilidade do transitário e a limitação da responsabilidade.

2.1. O papel e a função do transitário

O transitário tem um duplo papel, o de agente e o de comitente: como agente, organiza geralmente o transporte, paga os custos de transporte, seguro, embalagem, direitos aduaneiros, etc. e cobra depois uma taxa, normalmente uma percentagem do custo total. Todos os custos são (ou deveriam ser) comunicados ao cliente. No entanto, o âmbito exato das funções do transitário é determinado principalmente pelo seu contrato com o cliente (normalmente o expedidor) que utiliza os seus serviços. [30] Por vezes, actua como contratante principal, efectuando o transporte em seu próprio nome. Os seus honorários são pagos pelo carregador numa base forfetária, caso em que o transitário faz com que o transportador receba taxas de frete mais baixas e obtém o seu lucro com a diferença entre estes dois preços. [31]

Como jaÂ foi referido, o transitaÂ rio, quer actue como agente ou como comitente (como eÂ geralmente o caso no comeÂrcio), tenta geralmente evitar tanto quanto possível as suas responsabilidades. Esta situacËaÃ o deu frequentemente origem a claÂ usulas e condicËoÃ es muito confusas, que definem os dois papeÂis e tipos de responsabilidade opostos do agente e do comitente.[32]

As funções do transitário também podem ser deduzidas da definição. Os

[30] William Tetley, *op. cit.* p. 1694.

[31] Ibid, p. 1695.

[32] Ibid, p. 1697.

transitaÂ rios especializam-se na organizacËaÄ o do armazenamento e da expedicËaÄ o de mercadorias em nome dos carregadores. Oferecem normalmente uma gama de serviços, incluindo: controlo do transporte terrestre, preparação de documentos de expedição e exportação, armazenagem, reserva de espaço de carga, negociação de taxas de frete, consolidação de frete, seguro de frete e comunicação de sinistros de seguro. Em geral, o transitário envia as suas próprias guias de remessa e os agentes ou parceiros no destino (transitários ultramarinos) encarregam-se do envio dos documentos, da desconsolidação e da recolha da carga. [33] Atualmente, porém, o transitário assumiu um novo papel que aproxima a sua função da de um transportador multimodal.

Com este novo papel, o transitário não só ajuda as partes a transportar mercadorias, como também "toma a seu cargo" o transporte utilizando os seus próprios meios de transporte ou celebrando acordos com outros transportadores. [34]As várias funções de um transitário no transporte multimodal, que inclui o transporte marítimo, são enumeradas a seguir:

a) Transbordo: quando uma carga atravessa um país em trânsito, o transportador coordena o transbordo da carga de um veículo de transporte para outro.

b) Embalagem, armazenamento e distribuição: Os transitários podem tratar da embalagem, do armazenamento e da distribuição das mercadorias. Armazenam as mercadorias antes da exportação e subsequente importação, até serem transportadas ou distribuídas.

c) Corretagem de seguros de carga: Os transitários não são seguradores de carga; limitam-se a negociar os seguros de carga como agentes dos seus clientes, em troca de uma taxa de serviço.[35]

d) Documentação e desalfandegamento: O transitário elabora todos os documentos necessários para a importação e exportação de mercadorias, tendo em conta as disposições legais e aduaneiras e as condições do contrato de venda.[36] Desempenha esta função na qualidade de agente do cliente.

e) Pagamento do frete e dos impostos locais: agindo ainda em nome do expedidor/destinatário, o transitário coordena o pagamento do frete ao

---

[33] http://www.universalcargo.com.

[34] Mandy Verena Rigtering; *Stuck in the Middle-Part A-Functions of the Freight* Forwarder (Universidade de Capetown), http://www.forwarderlaw.com/library/view.php7article_id5735.

[35] Por exemplo, em janeiro de 2005, o Reino Unido aprovou legislação que exige que todos os vendedores de seguros estejam registados na Financial Services Authority (FSA). Os transitários no Reino Unido estão, por conseguinte, excluídos da venda de seguros de carga.

[36] Paul Bugden; *Freight Forwarding and Goods in Transit* (Londres: Sweet & Maxwell, 1999) p. 2.

transportador substituto e o pagamento de todos os impostos locais ou governamentais em nome dos seus clientes, a fim de evitar atrasos.

f) Análise da distribuição do transporte: o transportador aconselha o seu cliente como principal sobre as opções de transporte disponíveis e planeia o itinerário mais eficiente de acordo com as necessidades do cliente.

g) Acordos de transporte: O transitário pode atuar como contratante principal e efetuar todo o transporte em seu próprio nome. Como transportador contratado, cobra ao carregador apenas uma taxa de transporte, em vez de transferir para o transportador efetivo o frete que o transitário pagaria.

h) Consolidação de cargas e transporte multimodal: o transportador recolhe e junta as mercadorias de retalho de diferentes expedidores, que são frequentemente outros transportadores, e consolida as mercadorias para expedição/distribuição aos respectivos destinatários no país de destino, porta a porta.

2.2. O transportador e o prestador de serviços logísticos

A crescente atividade dos transportadores e a maior diversidade do seu trabalho são factos marcantes do transporte de mercadorias moderno. Este aumento é o resultado da revolução dos contentores, da necessidade de um sistema multimodal de transportadores terrestres, proprietários de terminais e transportadores marítimos, da sobredisponibilidade a longo prazo da tonelagem no mercado mundial dos transportes marítimos e do desenvolvimento rápido e sem precedentes do sector da logística mundial. Os transitários adaptaram-se a esta nova ordem logística mundial e, por conseguinte, à sua nova importância. [37]

Na economia moderna, o transitário actua como um prestador de serviços, responsável pelas mercadorias ao longo de todo o seu percurso. No sector moderno dos transportes e da logística, a questão de saber em nome de quem o transitário actua e como cobra já não é tão importante como era a nível nacional. Tal deve-se à integração dos serviços de transitários e ao seu novo estatuto de transitários não marítimos ou de empresas de transporte multimodal. [38] Além disso, o secretariado da Comissão Económica para a Europa das Nações Unidas (UNECE) sublinhou que um serviço logístico eficiente é um dos principais elementos da competitividade comercial, razão pela qual a FIATA e o CLECAT adoptaram conjuntamente a definição de serviço de transitário e de serviço

[37] A.V. Chebotarenko e V.P. Lebedev, *op. cit.*
[38] Borka Tushevska; *op. cit.*, p. 64.

logístico, embora o serviço logístico possa ser prestado por operadores especializados, como transitários ou despachantes aduaneiros.[39] A definição é a seguinte

"Os serviços de transporte marítimo e logístico *significam o transporte de mercadorias*

Os serviços de transporte marítimo incluem igualmente os serviços de logística que utilizam as modernas tecnologias da informação e da comunicação para o transporte, a manipulação ou o armazenamento de mercadorias e, de facto, a gestão completa da cadeia de abastecimento. Estes serviços podem ser adaptados à aplicação flexível dos serviços oferecidos. "

No entanto, uma vez que este tipo de serviço, descrito na definição, não pode ser prestado por um "*transitário*" tradicional, as empresas comerciais modernas necessitam de um transitário não marítimo e de uma empresa de transporte multimodal. Estes tipos de transitários serão os únicos a sobreviver na indústria global da *Giant Corporation.*[40] Por conseguinte, espera-se que a perspetiva jurídica se altere e seja compatível com a indústria global.

Além disso, os termos "operador de transporte multimodal" e "transitário" são frequentemente utilizados como sinónimos em muitos países devido à sobreposição das suas actividades. [41]A definição de operadores multimodais (OTM) na Convenção das Nações Unidas também se sobrepõe às actividades e obrigações dos transitários. No entanto, o estatuto do transitário no transporte multimodal e a relação entre o transitário e o operador multimodal serão discutidos em pormenor no próximo capítulo da presente tese.

2.3. Obrigações do transitário

O trabalho do transitário consiste essencialmente em facilitar o comércio, de modo a que os comerciantes apenas tenham de produzir e vender as mercadorias. Uma vez feito isso, o transitário pode encarregar-se de todas as outras funções, desde a porta da fábrica até à entrega final. [42] A obrigação do transitário pode, no entanto, variar consoante o tipo de serviço que presta num determinado caso

[39] Documento de posição conjunta do CLECAT e da FIATA; *op. cit.*

[40] Borka Tushevska; *op. cit.*, p. 65.

[41] A "Convenção das Nações Unidas sobre o Transporte Multimodal de Mercadorias (1980, ONU)" (ainda não em vigor) define o transportador multimodal como "*qualquer pessoa que celebre um contrato de transporte multimodal em seu próprio nome ou através de outra pessoa que actue em seu nome e que actue como principal e não como agente ou em nome do expedidor ou dos transportadores que participam no transporte multimodal e que assuma a responsabilidade pela execução do contrato*".

[42] Paul Bugden; *op. cit.*

ou o seu estatuto. O facto de o transitário atuar na qualidade de agente ou de contratante principal é diferente no que se refere à obrigação do transitário.

Quando um transitário actua como agente, deve, como qualquer outro profissional, demonstrar a diligência e a competência exigidas para esta profissão. Além disso, como representante do carregador, tem um dever fiduciário para com o seu cliente. Por conseguinte, a prestação de informações falsas sobre o navio que transporta a carga, a natureza da carga e a data efectiva de partida constitui uma violação deste dever.[43]

Quando o transitário actua como comitente, não existem obrigações absolutas, embora as obrigações contratuais sejam geralmente rigorosas. Muitas das obrigações de um transitário, quando actua como comitente ao abrigo de um mandato e de uma garantia, não são obrigações absolutas, mas apenas obrigações de envidar esforços razoáveis ou de exercer um cuidado razoável.[44]

No âmbito do seu dever profissional normal, um transitário não é responsável pela execução dos contratos que celebrou por conta e em nome do seu cliente com terceiros, empregados ou agentes para o armazenamento, transporte, desalfandegamento ou manuseamento de mercadorias, a menos que o cliente prove que a má execução é diretamente imputável à culpa do transitário. [45] O dever profissional mais frequentemente referido neste contexto é o dever de diligência.

O transitário tem o dever de verificar as instruções de entrega que lhe são dadas. No entanto, o transitário não é responsável pela perda ou dano de mercadorias que estejam à guarda e controlo do transportador marítimo.[46] No entanto, se o transitário atuar como principal, a situação é diferente.

O transitário é responsável a título principal não só quando efectua ele próprio o transporte utilizando os seus próprios meios de transporte (transportador substituto), mas também quando se compromete, expressa ou implicitamente, a assumir a responsabilidade do transportador através da emissão do seu próprio documento de transporte ou de qualquer outra forma (transportador contratual). No entanto, o transitário não é responsável enquanto transportador se o cliente tiver recebido um documento de transporte emitido por outra pessoa que não o transitário e não invocar, num prazo razoável, a responsabilidade do transitário

[43] William Tetley, *op. cit.* p. 1718.
[44] Paul Bugden, *op. cit.* p. 49.
contratos que tenha celebrado por conta do comitente com terceiros, empregados ou agentes, relativos à armazenagem, ao transporte, ao desalfandegamento ou à movimentação de mercadorias, salvo se o comitente provar que a má execução desses contratos é diretamente imputável a uma falta do transitário".
[46] William Tetley, *op. cit.* p. 1719.

enquanto transportador.[47] Os transitários podem também ser responsabilizados por obrigações específicas decorrentes da relação contratual.

As obrigacËoÄ es efectivas que o transitaÂ rio assume perante o cliente que utiliza os seus servicËos saÄ o determinadas, em primeiro lugar, pelo contrato celebrado entre ambos. A obrigação contratual de organizar o transporte das mercadorias do cliente inclui normalmente a obrigação de selecionar um transitário, um navio e uma tripulação qualificados para transportar a carga em questão, mas não inclui necessariamente outras obrigações, como a embalagem ou a contratação de um inspetor marítimo para estar presente durante o carregamento.[48] Além disso, a organização de uma expedição pode também implicar a obrigação de garantir que os documentos de transporte são corretamente geridos.

A questão seguinte, portanto, é saber em que medida o transitário é responsável, se a responsabilidade é diferente se atuar como agente ou contratante principal e quais as limitações de responsabilidade aplicáveis ao transitário.

2.4. Responsabilidade e limitação da responsabilidade do transitário

Nos litígios em matéria de responsabilidade, os tribunais dão grande importância à forma como foi organizada a relação entre o transitário e o transportador. Se o transitário atuar em nome próprio no âmbito do contrato de transporte, é responsável perante o cliente pela perda da carga durante o transporte. Se o contrato de transporte for celebrado por um transitário em nome e no interesse do cliente, os tribunais têm decidido que a responsabilidade pela perda de carga recai diretamente sobre o transportador. Regra geral, a responsabilidade do transitário enquanto contratante principal é determinada pela legislação nacional e pelas convenções internacionais aplicáveis ao tipo de transporte em causa.[49]

É por isso que as regras de responsabilidade das convenções internacionais estão sempre no centro do transporte de mercadorias por mar. Uma das convenções que se aplica à responsabilidade do transitário é a Convenção das Nações Unidas relativa aos Contratos de Transporte Internacional de Mercadorias por Mar, Total ou Parcialmente (Regras de Roterdão). Nos termos

[47] Regras normalizadas da FIATA para os serviços de expedição ; http://www.dachser.com/de/downloads/Germany/08_FIATA_ModelRules_eng.pdf.

[48] William Tetley, *op. cit.* p. 1719.

[49] Esta cláusula está claramente definida, por exemplo, no artigo 30º das condições gerais de venda dos transitários belgas.

desta convenção, o transitário, na qualidade de contratante principal que actua em vez do transportador, é responsável pela perda ou dano das mercadorias, bem como pelo atraso na entrega, se a vítima provar que a perda, o dano ou o atraso, ou o evento ou ocorrência que os causou ou contribuiu para tal, ocorreram durante o período pelo qual o transportador é responsável. A responsabilidade é limitada, para os prejuízos económicos causados pelo atraso, a um montante igual a 2,5 vezes o frete a pagar pelas mercadorias atrasadas. [50][51]O montante total a pagar não excederá os limites de responsabilidade estabelecidos nas disposições do .

No que diz respeito à limitação da responsabilidade do transitário, a prática mostra que a maioria dos transitários incorpora nos seus contratos as condições gerais de venda (CGV) da associação nacional de transitários a que pertencem, sem o que nem o transitário nem o seu cliente estão vinculados a qualquer limitação.[52] De acordo com a jurisprudência, as cláusulas de limitação da responsabilidade nas condições gerais não estão sujeitas a um controlo rigoroso quanto à sua aplicabilidade.[53]

[54]No entanto, a responsabilidade da transportadora por incumprimento das obrigações que lhe incumbem por força das Regras de Roterdão é limitada a 875 unidades de conta por volume ou outra unidade de expedição ou a 3 unidades de conta por quilograma de peso bruto das mercadorias objeto da reclamação ou litígio, consoante o que for mais elevado, a menos que o valor das mercadorias tenha sido declarado pelo expedidor e incluído no caderno de encargos ou que tenha sido acordado entre a transportadora e o expedidor um montante superior ao limite de responsabilidade fixado no presente artigo, consoante o que for maior, exceto se o valor das mercadorias tiver sido declarado pelo expedidor e incluído nos documentos contratuais ou se tiver sido acordado entre a transportadora e o expedidor um montante superior ao limite de responsabilidade fixado no presente artigo.

Quando o estatuto de transitário e o de transportador multimodal se sobrepõem, os limites de responsabilidade são fixados pelo artigo 19º da Convenção das Nações Unidas relativa ao Transporte Internacional Multimodal

[50] Regras de Roterdão, artigo 17.
[51] O limite de responsabilidade é de 3 direitos de saque especiais (DSE) por kg ou 875 DSE por embalagem ou unidade de expedição, consoante o que for mais elevado.
[52] William Tetley, *op. cit.* p. 1724
[53] William Tetley, *op. cit.* p. 1728.
[54] Regras de Roterdão sobre a limitação da responsabilidade; artigo 59.

de Mercadorias (Convenção Multimodal, 1980). Esta disposição é normalmente designada por "disposição de compromisso". [55]

A disposição de compromisso estabelece que, se a perda ou dano das mercadorias ocorrer durante uma parte específica do transporte multimodal para a qual uma convenção internacional aplicável ou uma lei nacional obrigatória preveja um limite de responsabilidade superior ao que resultaria da sua aplicação, o limite de responsabilidade do transportador multimodal por essa perda ou dano será determinado por referência às disposições dessa convenção ou lei nacional obrigatória. [56] A transportadora do ponto de vista da convenção multimodal é tratada mais pormenorizadamente no capítulo seguinte.

[55] A.V. Chebotarenko e V.P. Lebedev; *op. cit.*
[56] Convenção Multimodal (1980); artigo 19.

CAPÍTULO TRÊS

3. QUADRO JURÍDICO INTERNACIONAL PARA AS TRANSPORTADORAS

Embora o direito que rege o transporte de mercadorias esteja em grande parte harmonizado por várias convenções internacionais, as tentativas de harmonizar o direito dos transitários a nível internacional falharam. Consequentemente, o transitário (qualificação jurídica e responsabilidade) continua a estar sujeito às legislações nacionais, o que introduz forum shopping e incerteza na relação contratual.[57] No entanto, foram envidados esforços para uniformizar as regras internacionais neste domínio.

Em 1967, o Instituto Internacional para a Unificação do Direito Privado (UNIDROIT) apresentou um projeto de convenção internacional destinado a colmatar as diferenças de conceção, nomeadamente no direito francês e alemão.[58] De acordo com esta convenção, o transitário tem o estatuto de transportador contratual com responsabilidade de transportador, tal como estipulado nas regras da CNUCED/CCI para os documentos de transporte multimodal (1991), o que se reflecte no conhecimento de embarque da FIATA para o transporte multimodal (1992), amplamente utilizado em todo o mundo.[59]

Regra geral, as condicËoÄ es comerciais normalizadas nacionais, que diferiam de país para país, serviam a liberdade contratual do transitaÂ rio. Reconhecendo a necessidade de uniformidade neste domínio, a FIATA encarregou, em 1994, um grupo de trabalho de elaborar regras-modelo a utilizar não só nos países onde ainda não existiam condições-tipo, mas também nos países que pretendessem submeter-se a uma regulamentação internacional uniforme; estas regras-modelo são analisadas no presente capítulo.

3.1. Litígio jurídico

Como já foi referido, o transitário continua sujeito à legislação nacional e, por conseguinte, atrai uma atitude de "forum shopping" e de incerteza na relação

---

[57] Anastasiya Kozubovskaya Pelle; *Poderá o DCFR ser uma resposta à falta de harmonização no domínio do direito dos transportes? Parte I - Qualificação jurídica,* p. 1, http://www.esl.eur.nl/fileadmin/ASSETS/frg/privaatrecht/ristl/Presentaties/Kozubovskaya Pelle.docx.

[58] Jan Ramberg; *op. cit.* p. 8.

[59] Ibid.

contratual. Além disso, não existe uma lei aplicável aos contratos de transporte marítimo internacional que determine as regras uniformes de conflito de leis aplicáveis aos contratos. Existem, no entanto, algumas convenções aplicáveis às obrigações contratuais gerais; o exemplo mais conhecido é a Convenção de 1980 sobre a Lei Aplicável às Obrigações Contratuais (Convenção de Roma).[60]

Esta convenção estipula que "*a lei aplicável a um contrato é a escolhida pelas partes. A escolha da lei deve ser expressa ou resultar claramente das disposições do contrato ou das circunstâncias do caso. As partes podem escolher a lei aplicável à totalidade ou a parte do contrato.* [61]"Se tal não for possível, presume-se que o contrato é regulado pela lei do país com o qual apresenta uma conexão mais estreita. (*Se a lei aplicável ao contrato não tiver sido escolhida em conformidade com as regras da Convenção, o contrato é regido pela lei do país com o qual apresenta uma conexão mais estreita. Contudo, uma parte separável do contrato que apresente uma conexão mais estreita com outro país pode, a título excecional, ser regida pela lei desse outro país.* Nos termos do n.º 2 do artigo 4.º, *"presume-se que o contrato apresenta uma conexão mais estreita com o país em que a parte que deve assegurar a sua execução caraterística tem, no momento da celebração do contrato, a sua residência habitual ou, no caso de uma pessoa colectiva, a sua administração central. Todavia, se o contrato for celebrado no âmbito da atividade profissional ou comercial dessa parte, esse Estado é o Estado em que se situa o estabelecimento principal ou, se o contrato previr que a prestação deve ser efectuada num estabelecimento diferente do estabelecimento principal, o Estado em que se situa esse outro estabelecimento*. Por outras palavras, o país da conexão mais estreita é, indiscutivelmente, o país da residência habitual ou (para as pessoas colectivas) da administração central da parte cuja prestação é caraterística do contrato, ou o país do estabelecimento principal da parte que celebra o contrato no exercício da sua atividade comercial ou profissional.[62]

Consequentemente, na ausência de uma escolha explícita ou derivada de lei, a lei nacional do país da residência habitual, da administração central ou do estabelecimento principal do transitário será a lei aplicável ao contrato de transitário, a menos que as circunstâncias criem uma ligação mais estreita entre

[60] http://eur-lex.europa.eu/legal-content/EN/ALL/?uri=CELEX:41980A0934.
[61] William Tetley, *op. cit.* p. 1744.
[62] Ibid.

o contrato e outro país. [63]

3.2. Regras normalizadas FIATA

[st]A FIATA foi fundada em 31 de maio de 1926, em Viena. Atualmente, tem a sua sede em Zurique e é a maior organização não governamental do mundo no domínio da logística do transporte internacional de mercadorias. Tem mais de 110 associações membros em vários países e territórios e representa cerca de 50.000 empresas de logística e transporte internacional. A FIATA está acreditada junto do ECOSOC das Nações Unidas e colabora frequentemente com a UNCITRAL, a Conferência das Nações Unidas sobre Comércio e Desenvolvimento (UNCTAD) e a Comissão Económica das Nações Unidas para a Europa e a Ásia-Pacífico (UNECE, UNESCAP), bem como com outros organismos das Nações Unidas.[64]

Além disso, a FIATA fornece regras normalizadas para os transitários e diretrizes para a utilização das regras comerciais normalizadas da FIATA. A maioria dos transitários inclui nos seus contratos as condições comerciais normalizadas (SCC) da associação nacional de transitários em que estão filiados. No entanto, as regras-tipo da FIATA para transitários são um dos formulários mais utilizados na comunidade comercial internacional.

A regra-modelo da FIATA relativa aos serviços de transitários pode ser incorporada por referência num contrato (escrito, oral ou outro).[65] Além disso, a função de transitário pode ser deduzida da definição de serviço de transitário. A lista das funções relacionadas com o transporte é a seguinte: [66]Consolidação, armazenamento, manuseamento, embalagem ou distribuição de mercadorias, serviços de assistência e aconselhamento (incluindo, entre outros, questões aduaneiras e fiscais), declaração de mercadorias para fins administrativos, obtenção de seguro para mercadorias e cobrança ou obtenção de pagamentos ou documentos relativos a mercadorias.[67]

A obrigação do transitário, nos termos da regra-modelo, consiste em envidar

---

[63] Ibid.

[64] O manual de referência da FIATA, 2014, http://fiata.com/fileadmin/user upload/documents/Miscellaneous/Reference manual 05- from FIATA 2014.pdf.

[65] Regulamento-tipo da FIATA, op. *cit.*, n.º 1.

[66] No entanto, em conformidade com o ponto 3 dos regulamentos-modelo da FIATA, o transitário não subscreverá um seguro, a menos que o cliente lhe dê instruções expressas por escrito nesse sentido, ou que o transitário não seja obrigado a subscrever um seguro separado para cada remessa, mas possa incluí-lo numa apólice aberta de transitário.

[67] Regulamento-tipo da FIATA, *op. cit.,* ponto 2.1.

esforços razoáveis e *exercer a devida diligência* e, como em qualquer relação contratual, espera-se que o transitário *exerça a devida diligência.*[68] No que se refere à responsabilidade do transitário nos termos do n.º 6 da Regra Modelo da FIATA, o transitário, ao prestar o serviço, é responsável perante o cliente por perdas ou danos nas mercadorias, bem como por perdas pecuniárias diretas resultantes da violação pelo transitário do seu dever de diligência. O transitário não é, contudo, responsável pelos actos e omissões de terceiros. No entanto, se o transitário atuar como comitente, será responsável se ele próprio tiver prestado esses serviços utilizando as suas próprias instalações ou empregados ou se se tiver comprometido, expressa ou implicitamente, a assumir a responsabilidade como comitente.

De acordo com o ponto 8 do Modelo de Regulamentação (exclusão de responsabilidade, avaliação da responsabilidade e limites de responsabilidade), o transitário não é responsável, em circunstância alguma, por :

1) mercadorias valiosas ou perigosas, exceto se forem declaradas como tal ao transportador no momento da celebração do contrato.

2) danos devidos a atrasos, salvo acordo expresso por escrito.

3) danos indirectos ou consequentes, tais como perda de lucros ou perda de mercado.

[69]As regras-modelo incorporaram igualmente a responsabilidade e a obrigação do cliente, bem como uma cláusula de resolução de litígios. Salvo acordo em contrário, as acções judiciais contra o transitário só podem ser intentadas no local onde o transitário tem o seu estabelecimento principal e serão julgadas de acordo com a lei do país desse local.

Para além da contribuição da FIATA, outros quadros internacionais bem conhecidos que regem o transporte de mercadorias contribuíram igualmente para o sistema de transitários. Para efeitos do presente documento, as discussões que se seguem centrar-se-ão, por conseguinte, nos estatutos do transitário previstos nas "Regras Multimodais" (Convenção das Nações Unidas relativa ao Transporte Internacional Multimodal de Mercadorias) e nas "Regras de Roterdão" (Convenção das Nações Unidas relativa aos Contratos de Transporte Internacional de Mercadorias por Mar, no todo ou em parte).

---

[68] Ibid, pontos 4 e 6.1.1.

[69] Ibid, n.º 19.

3.3. Estatuto dos transportadores no transporte multimodal

Uma compreensão simples do conceito de transporte multimodal é a combinação de dois ou mais modos de transporte ao abrigo de um acordo contratual que prevê ou autoriza essa combinação. A interconexão de modos de transporte pode normalmente exigir os serviços de um agente, como um carregador ou um transitário. [70][71] No sistema comercial moderno, tal como referido no Capítulo II, a definição de Operadores de Transporte Multimodal (OTM) na Convenção das Nações Unidas sobrepõe-se às actividades e funções dos transitários.

Na praÂ tica, haÂ alguns casos em que um transitaÂ rio, enquanto contratante, pode assumir o papel combinado de ageÃncia e comitente. Neste caso, emite para o seu cliente um documento de transporte multimodal porta-a-porta, em que assume a responsabilidade do transportador contratante, e simultaneamente obtém um conhecimento de embarque marítimo de uma companhia marítima em nome do seu cliente para a parte marítima do transporte.[72] Quando um transitário actua como MTO, o transportador para o qual actuou anteriormente como intermediário torna-se o seu subcontratante e ele torna-se o principal.

Em suma, em resultado da rápida evolução das estruturas da cadeia de abastecimento, o desenvolvimento do multimodalismo moderno está a transformar o transportador tradicional de uma pessoa que se limita a transportar uma carga do ponto "A" para o ponto "B" num único modo, numa organização que satisfaz as necessidades dos clientes, que incluem agora o transporte em várias fases e multimodal, com armazenamento em trânsito, reembalagem e documentação de acordo com vários regulamentos.[73]

[74]No seu *Manual de Transporte Multimodal*, a CNUCED define o termo "transporte multimodal" como um transporte "*em que o transportador que organiza o transporte assume a responsabilidade por toda a operação de transporte porta-a-porta e emite um documento de transporte multimodal. O transporte multimodal é, portanto, um conceito que confia a responsabilidade pelas actividades de transporte a um único operador, que gere e coordena toda*

[70] David A. Glass; *op. cit.*

[71] Documento de posição conjunta do CLECAT e da FIATA; *op. cit.*

[72] Paul Bugden, *op. cit.* p. 59.

[73] Associação das Nações do Sudeste Asiático (ASEAN); *Materiais de formação sobre gestão de riscos (incluindo convenções internacionais) no âmbito do projeto "Desenvolvimento sustentável dos recursos humanos no sector da logística"*, (Japão, 2014) p. 5.

[74] http://www.bus.tu.ac.th/usr/ruth/thesis/chapter2.pdf.

a tarefa, desde a porta do expedidor até à porta do destinatário, e assegura o transporte contínuo das mercadorias ao longo do melhor itinerário e pelos meios mais eficientes e económicos para satisfazer as exigências de entrega do expedidor". É mais provável que um transitário seja considerado um comitente quando emite um documento de transporte multimodal do que no caso de um transporte puramente marítimo.[75] A realidade emergente do transporte multimodal levou a um desejo de simplificar os documentos de transporte para os tornar utilizáveis em mais do que um modo de transporte e para garantir que o carregador ou o destinatário possam reclamar uma indemnização a uma parte responsável e não a vários transportadores envolvidos na execução do transporte.

A Convenção de 1980 sobre o Transporte Multimodal, que tem a vantagem da clareza e da simplicidade, mas que não é sobrecarregada por outras questões marítimas - por muito importantes que sejam - como o frete, as penhoras e o comércio eletrónico, é necessária neste caso, tornando menos provável a entrada em vigor da Convenção.[76]

Dado que a Convenção Multimodal de 1980 não entrou em vigor devido a um fraco apoio governamental, a secção seguinte tratará apenas das condições-tipo (1992) que regem o conhecimento de embarque da FIATA para o transporte multimodal, geralmente emitido por transitários e sujeito às regras da CNUCED/CCI relativas aos documentos de transporte multimodal.

3.4. Transportadores de acordo com as regras da ICC

As soluções internacionais propostas para as questões de responsabilidade no transporte multimodal adoptam abordagens diferentes e podem, por conseguinte, resultar em atribuições de risco e de responsabilidade muito diferentes para o mesmo acontecimento. [77] A tentativa mais recente é a das regras da UNCTAD/ICC para
documentos de transporte multimodal, que entraram em vigor em janeiro de 1992. No entanto, estas regras não têm força de lei; são cláusulas contratuais-tipo incluídas nos documentos de transporte multimodal.

Dado o seu carácter contratual, as regras não produzem efeitos em caso de conflito com o direito imperativo.[78] No entanto, a aplicabilidade das regras não se limita ao transporte multimodal; as condições contidas nas regras também se

[75] Paul Bugden, *op. cit.* p. 66.
[76] William Tetley, *op. cit.* p. 1694.
[77] Associação das Nações do Sudeste Asiático (ASEAN); *op. cit.* p. 15.
[78] http://unctad.org/en/docs/posdtetlbd2.en.pdf.

aplicam quando é utilizado apenas um modo de transporte.

No que diz respeito ao transitário, as regras relativas aos documentos de transporte multimodal foram incorporadas em documentos de transporte multimodal amplamente utilizados, como o conhecimento de embarque do transitário da FIATA (FBL) de 1992. Consequentemente, o transitário assume a responsabilidade pela execução do contrato de transporte multimodal da mesma forma que um transportador.[79]

Nos termos do n.o 2 do artigo 2.o da regra, o transitário é responsável por substituição pelos actos e omissões dos seus empregados ou agentes que actuem no âmbito das suas funções ou de qualquer outra pessoa que utilize para a execução do contrato certificado pelo FBL. Em princípio, o transitário é responsável pelas mercadorias a partir do momento em que estas ficam à sua guarda até ao momento da entrega e é responsável pela perda ou dano das mercadorias e pelo atraso na entrega se o facto que causou a perda, o dano ou o atraso na entrega tiver ocorrido enquanto as mercadorias estavam à sua guarda.[80]

O artigo 8º da regra contém uma cláusula de limitação da responsabilidade; a indemnização é calculada essencialmente com base no valor das mercadorias no local e no momento em que são entregues ao destinatário ou no local e no momento em que deveriam ser entregues em conformidade com o FBL. Por conseguinte, o transitário não é, em caso algum, responsável pela perda ou dano das mercadorias até um montante que exceda o equivalente a 666,67 DSE por embalagem ou unidade ou 2 DSE por quilograma de peso bruto das mercadorias perdidas ou danificadas.

Além disso, o transportador é livre de transportar as mercadorias na ponte ou por baixo dela e de escolher ou alterar os meios, o itinerário e o procedimento de manuseamento, estiva, armazenagem e transporte das mercadorias sem informar a EF.[81] No que respeita ao transporte de mercadorias perigosas e à indemnização, o concessionário deve fornecer essas informações e, se não o fizer, o transportador não será responsável pelos danos causados pela natureza das mercadorias. O comerciante deve também indemnizar o transitário.[82]

Nos termos da Regra 14, o transitário tem um direito de retenção sobre as mercadorias e todos os documentos a elas relativos relativamente a todas as quantias que lhe sejam devidas pelo comerciante em qualquer momento,

79 FIATA FBL; http://www.sure4u.biz/docs/fiata fbl.pdf.
80 Ibid, artigo 6.2.
81 Ibid, artigo 11.
82 Regulamento-tipo da FIATA; *loc. cit.* art. 4.

incluindo as despesas de armazenagem e de cobrança, e pode fazer valer esse direito da forma que considerar adequada.

3.5. Transportadores de acordo com as regras de Roterdão[83]

A mais recente adição à lista de regimes para o transporte de mercadorias é a Convenção da UNCITRAL sobre Contratos de Transporte Internacional de Mercadorias por Mar, no Todo ou em Parte, também conhecida como Regras de Roterdão, que foi aberta à assinatura em Roterdão em 23 de setembro de 2009.[84] Esta convenção foi inicialmente um projeto destinado a normalizar os aspectos jurídicos do transporte marítimo.

Em conformidade com a harmonização e a normalização progressivas do direito comercial internacional, as Regras de Roterdão foram concebidas para um ambiente comercial globalizado e digitalizado, em que o transporte marítimo já não é apenas porto a porto, mas faz parte de uma cadeia logística multimodal. [85] Os dias em que só havia navios já lá vão; a contentorização, o multimodalismo, as comunicações electrónicas, o comércio eletrónico e a globalização deixaram a sua marca. No entanto, a Convenção pode não atingir o seu objetivo principal de uniformizar a legislação relativa ao transporte marítimo de mercadorias, uma vez que a sua natureza convida a interpretações diferentes por parte dos Estados que a subscrevem.

De acordo com Kofi Mbiah, a filosofia das Regras de Roterdão pode ser resumida numa palavra - prática - porque as Regras de Roterdão são uma mistura rica das sensibilidades de diferentes grupos de interesse, tais como transportadores, carregadores, transitários, companhias de seguros e, por último, mas não menos importante, os governos que têm interesse no comércio internacional e na circulação desse comércio através de diferentes modos de transporte.[86] No entanto, muitos cientistas e profissionais consideram que a convenção é demasiado complicada para ser exequível, uma vez que cria custos de transação adicionais e convida a mal-entendidos e interpretações erradas. [87]

---

[83] Na secção anterior, o transportador é considerado um carregador e as discussões reflectem esta perspetiva.
[84] http://www.rotterdamrules2009.com/cms/index.php.
[85] Michael Sturley; *Questions of balance in the Rotterdam Rules,* (Faculdade de Direito da Universidade do Texas), http://www.rotterdamrules.com/sites/default/files/Questions-of-balance-in-the-Rotterdam-Rules-Lloyd's-List-27-08-2009.pdf.
[86] Kofi Mbiah; *Atualização das regras relativas ao transporte internacional de mercadorias por mar: as regras de Roterdão,* http://www.comitemaritime.org/Uploads/Rotterdam%20Rules/Paper%20of%20Kofi%20Mbiah.pdf.
[87] Posição da FIATA sobre as regras de Roterdão (doc. MTI/507, anexo II) ; https://www.uncitral.org/pdf/english/texts/transport/rotterdam rules/FIATApaper.pdf.

Por outro lado, há quem defenda que a convenção não é mais complicada do que a prática, pelo que um advogado que não compreenda a regra é uma pessoa que não compreende a prática moderna dos transportes.[88]

Se compararmos as Regras de Roterdão com o Protocolo que altera a Convenção Internacional para a Unificação de Certas Regras de Direito Relativas aos Conhecimentos de Embarque (Haia-Visby) ou com a Convenção das Nações Unidas

[89]Convenção relativa ao Transporte de Mercadorias por Mar (Regras de Hamburgo), devem ser tidas em conta as seguintes alterações importantes: :

- Aplicação para além da componente marítima para assegurar uma cobertura "porta-a-porta";
- Aplicação, para além dos conhecimentos de embarque, às formas electrónicas e outras formas de contrato ;
- Extensão da responsabilidade do transportador às "partes exportadoras no transporte marítimo" ;
- Introdução da liberdade contratual nos contratos de massa.

A Convenção considera que o transportador que aceitou o nome de "carregador" é o carregador relativamente ao documento de transporte ou ao registo eletrónico de transporte. Nos termos do nº 9 do artigo 1º, o "carregador de documentos" é definido como uma pessoa distinta do carregador que aceita ser designada como "carregador" no documento de transporte ou no registo eletrónico de transporte e o transitário é considerado o carregador nos documentos de transporte emitidos pelos transportadores.[90] O artigo 34º alarga claramente a responsabilidade do carregador aos actos e omissões dos seus agentes e subcontratantes.[91]

Além disso, as Regras de Roterdão alargam o seu âmbito de aplicação para além dos conhecimentos de embarque e definem um "documento de transporte" como um documento emitido pelo transportador no âmbito de um contrato de transporte e que comprova a receção das mercadorias (pelo transportador ou por uma parte exportadora) e o próprio contrato de transporte.[92] Afigura-se que a convenção se aplica aos contratos de transporte regulares que não são comprovados por um documento de transporte ou um registo eletrónico. Assim,

---

88 Michael Sturley; *op. cit.*

89 http://magraths.ca/2009/07/rotterdam-rules-ii-maior-changes/.

90 Ibid.

91 Posição da FIATA sobre as Regras de Roterdão; *op. cit.*

92 Gavin Magrath; *op. cit.*

as regras aplicam-se mesmo que não seja emitido qualquer documento, quando o transporte é internacional e o local de receção ou entrega se situa num Estado Parte.[93] Além disso, o n.º 2 do artigo 47.º deu aos transportadores a possibilidade de emitirem documentos de transporte negociáveis ou equivalentes electrónicos, reservando-se o direito de entregarem as mercadorias sem receberem um documento de transporte negociável.[94]

Além disso, a introdução da "responsabilidade solidária dos expedidores de documentos", em conformidade com o artigo 33.º, e dos "expedidores efectivos" exigirá que os transportadores exerçam as devidas diligências para garantir que os exportadores não sejam mencionados como "expedidores" no documento de transporte quando tenham vendido nas condições de entrega.[95] No entanto, em circunstâncias normais, esses vendedores pretendem evitar a responsabilidade conjunta e solidária.

Outra questão importante para os transportadores é a extensão da responsabilidade e o direito de a limitar. O principal objetivo das Regras era harmonizar o sistema de responsabilidade no transporte com o surgimento da contentorização e a consequente predominância do transporte multimodal no sector. Assim, o artigo 12.º das Regras estabelece que a responsabilidade do transportador começa com a receção das mercadorias pelo transportador (ou por uma parte exportadora) e continua até à entrega das mercadorias. As Regras destinam-se a cobrir o transporte de mercadorias total ou parcialmente por via marítima e, de acordo com o artigo 6.º, as Regras aplicam-se apenas ao transporte multimodal que inclua pelo menos um trajeto marítimo.[96] No entanto, a FIATA opôs-se ao chamado "maritime plus" (todo ou parte por mar) e propôs um acordo porto-a-porto.[97]

Além disso, muitos consideram que os limites de responsabilidade da Convenção são mais elevados, embora seja mais difícil violá-los. [98][99]Embora o transitário, enquanto transportador ou prestador de serviços logísticos, tenha o direito de limitar a sua responsabilidade não só pela perda ou dano da carga, mas

---

[93] Patrick J. Bonner; *The Rotterdam Rules,* p. 7, http://www.freehill.com/articles/The Regras de Roterdão.pdf.
[94] Posição da FIATA sobre as Regras de Roterdão; *op. cit.*
[95] Ibid.
[96] Gavin Magrath; *op. cit.*
[97] Posição da FIATA sobre as Regras de Roterdão; *op. cit.*
[98] Patrick J. Bonner, *op. cit.* p. 12.
[99] A responsabilidade do transportador é limitada a um montante correspondente a 875 unidades de conta por embalagem ou outra unidade de expedição ou a 3 unidades de conta por quilograma de peso bruto da mercadoria perdida ou danificada, consoante o que for mais elevado.

também por qualquer infração (n.º 1 do artigo 59.º) e de não assumir a responsabilidade por atrasos, salvo acordo (artigo 21.º) - a posição da FIATA sobre esta matéria é que a regra funciona em desvantagem para o transitário quando actua como carregador ou quando procura obter reparação junto do transportador substituto. [100] Além disso, nos termos do n.o 2, alínea b), do artigo 79.o , o transitário é responsável como carregador sem o direito de limitar a sua responsabilidade por informações inexactas prestadas ao transportador.

[101]No que se refere aos contratos de volume, foram expressas opiniões de que, nas relações comerciais típicas, não há necessidade de disposições legais de proteção sem que as partes contratantes possam acordar entre si os seus riscos mútuos, mas o artigo 80º não alarga a liberdade contratual sem determinadas condições. [102] [103]No entanto, de acordo com a posição da FIATA, é de esperar que a extensão da liberdade contratual nos contratos de volume conduza a dificuldades adicionais no que respeita à indemnização das transportadoras exportadoras.

Como referimos no início do debate, as regras têm muitas vantagens, mas também muitas desvantagens. Por exemplo, as regras são omissas relativamente a questões de responsabilidade e ao estatuto dos bancos no financiamento do comércio.

---

[100] Posição da FIATA sobre as Regras de Roterdão; *op. cit.*

[101] De acordo com o artigo 2º das Regras de Roterdão, um "contrato de volume" é definido como um contrato de transporte que prevê o transporte de uma quantidade especificada de mercadorias numa série de remessas durante um período acordado. A especificação da quantidade pode incluir um mínimo, um máximo ou um intervalo determinado.

[102] Alexander von Ziegler; *The Rotterdam Rules 2008* (Chester D. Hooper, Arbitration), 2010 Kluwer Law International BV, Países Baixos, p. 338.

[103] Posição da FIATA sobre as Regras de Roterdão; *op. cit.*

QUARTO CAPÍTULO

4. LEGISLAÇÃO DA ETIÓPIA PARA AS TRANSPORTADORAS

Por conseguinte, o objetivo do presente capítulo é abordar a perspetiva etíope do sector dos transitários no quadro da legislação em vigor. Os principais temas abordados são os desafios enfrentados pelos transitários na Etiópia, a legislação que rege o sector marítimo e o Regulamento n.º 37/1998 do Conselho de Ministros relativo ao licenciamento dos transportes marítimos e das agências de navegação.

4.1. Os desafios enfrentados pelos operadores de transportes na Etiópia

O problema mais comum na Etiópia é saber qual o estatuto do transitário no transporte marítimo, e o transitário desaparece geralmente quando surge uma reclamação decorrente da sua relação contratual.[104] No que se refere aos direitos e obrigações entre o transitário e os seus carregadores, não foi possível encontrar qualquer lei específica no atual sistema jurídico etíope, pelo que apenas podem ser aplicadas leis de base para determinar este tipo de relação.

No entanto, na prática do transporte marítimo, actuam por vezes como agentes mandatados para transportar mercadorias por conta do seu comitente; por outro lado, actuam praticamente como contratantes independentes. Este cenário cria dificuldades quando o transitário assina o contrato de transporte em seu próprio nome.

Um transitário que actue como mero agente não é um transportador e não está sujeito às regras de Haia nem à legislação nacional da Etiópia. Isto significa que o agente deve descrever corretamente as mercadorias ao transportador, de modo a que o conhecimento de embarque, por sua vez, descreva as mercadorias de acordo com a obrigação do expedidor. Consequentemente, o transitário pode ver-se confrontado com poucas limitações de parcelas a este respeito. Existem apenas alguns casos pendentes nos tribunais em que um transitário que não enumerou os volumes individuais num conhecimento de embarque foi considerado responsável pelo facto de o queixoso se ver confrontado com uma limitação de volumes muito fraca na sua ação contra o transportador.[105]

[104] Importadores e exportadores etíopes entrevistados pessoalmente em setembro de 2015.
[105] Os transitários (membros da Ethiopian Freight Forwarders and Shipping Agents Association (EFFSAA)) foram entrevistados pessoalmente em setembro de 2015.

A responsabilidade jurídica do transitário parece muitas vezes enigmática, uma vez que o transitário assumiu dois papéis jurídicos diferentes - agente e contratante principal. A atividade de um transitário não é diretamente regida por uma convenção internacional, embora as suas acções atravessem naturalmente as fronteiras nacionais. O facto é que o direito etíope não rege as suas acções, o que dá origem a conflitos de leis.

A falta de uniformidade ou o facto de o mundo estar dividido em diferentes campos no que diz respeito ao direito da responsabilidade pela carga conduziu a um certo grau de "forum shopping" por parte dos requerentes e dos requeridos, o que é agravado pelo facto de não só não existir uniformidade a nível mundial, como a Etiópia não dispor de um quadro jurídico sólido nesta área e não ter adotado uma lei que regule o direito internacional privado. Este facto dá a impressão de que algumas partes podem escolher a lei que lhes é mais favorável.

Por outro lado, o transporte multimodal aumentou, especialmente depois de a Etiópia ter perdido o seu único porto (Porto Asebe) em 1993. Este facto complica as questões jurídicas que surgem quando a carga se perde ou sofre danos por via terrestre. Além disso, nenhuma das anteriores regras adoptadas pela Etiópia (as Regras da Haia e as Regras da Haia de Visby) continha disposições relativas ao registo eletrónico do transporte aquando da transmissão de documentos comerciais. Neste contexto, um dos principais problemas que o país enfrenta atualmente é o facto de as regras marítimas em vigor abrangerem, no máximo, o transporte ao abrigo das Regras da Haia e das Regras da Haia de Visby.

4.2. Leis que regem o sector marítimo na Etiópia

A primeira lei etíope que regula o transporte marítimo foi adoptada em 1960. Para além do Código Marítimo, algumas disposições relativas ao transporte de mercadorias são tratadas noutras leis, como por exemplo o Código Comercial: os artigos 561.º a 603.º tratam dos contratos de transporte terrestre e os artigos 604.º a 653.º dos contratos de transporte aéreo. O Código Marítimo, que trata exclusivamente do transporte marítimo em geral, aborda os contratos de afretamento nos artigos 126º a 179º, os contratos de transporte ao abrigo de conhecimentos de embarque nos artigos 180º a 209º e o transporte de passageiros nos artigos 210º a 228º. Além disso, a Etiópia está sujeita às Regras da Haia, sendo a Lei do Direito do Mar da Etiópia de 1960 considerada uma transposição integral das Regras da Haia.

As Regras de Haia aplicam-se apenas aos contratos de transporte de mercadorias contidos ou comprovados por conhecimentos de embarque ou documentos similares, e apenas à parte desses contratos relativa ao transporte de mercadorias por via marítima. As regras não se aplicam ao transporte de gado nem à carga que, segundo o conhecimento de embarque, deve ser transportada no convés e que é transportada. O mesmo conceito consta do artigo 180º do Direito do Mar.

De acordo com o Código Marítimo, Secção 5 (Disposições especiais relativas ao contrato de transporte ao abrigo de um conhecimento de embarque), o artigo 180.º, n.º 3, "Âmbito de aplicação", aplica-se apenas ao período entre o momento da carga e o momento da descarga das mercadorias do navio. Tradicionalmente, a regra "rigging to rigging" significa o período que decorre entre o suspender do cordame do navio no porto de carga e o desprender do cordame do navio no momento da descarga. [106][107]No entanto, a proclamação que altera a legislação relativa ao transporte de mercadorias por terra e a proclamação relativa ao transporte multimodal introduziram alterações fundamentais a este respeito.

No que se refere à cláusula de responsabilidade, o Código Marítimo não contém qualquer disposição expressa nesse sentido. Das várias obrigações impostas a uma transportadora resulta claramente que esta é obrigada a colocar o navio em condições de navegabilidade com a devida diligência, a equipar e abastecer corretamente o navio, a tornar os porões, as câmaras frigoríficas e todas as outras partes do navio onde as mercadorias são transportadas aptas e seguras antes e no início da viagem, e a carregar, manusear, estivar, transportar, armazenar, manter e descarregar as mercadorias transportadas de forma adequada e com cuidado. Não implica que o transportador seja responsável por perdas ou danos resultantes da inobservância de tal padrão de cuidado.[108]

Para os transitários, é sempre importante definir claramente a sua responsabilidade; a distinção entre o principal e o agente é muito importante. Até à data, a única legislação que trata especificamente dos transitários na Etiópia é o Regulamento do Conselho de Ministros relativo às licenças de transporte marítimo e de agência marítima n.º 37/1998, que é objeto da secção seguinte.

---

[106] Williams Tetley, *op. cit.* p. 25.

[107] Estas leis são o Decreto do Conselho de Ministros n.º 136/2007 sobre a criação de uma sociedade de gestão de portos secos, o decreto que altera o decreto n.º 547/2007 sobre o transporte terrestre de mercadorias, o decreto n.º 548/2007 sobre o transporte multimodal de mercadorias, o decreto n.º 549/2007 sobre a gestão do transporte marítimo e o decreto n.º 588/2008 sobre a responsabilidade do porto seco perante o destinatário.

[108] https://www.academia.edu/1162435/ Multimodal transport of goods under Ethiopian law (Transporte multimodal de mercadorias ao abrigo da legislação etíope). Jornal de Direito Etíope Vol. XXII No. I 2009.

4.3. Decreto do Conselho de Ministros n.º 37/1998 relativo ao licenciamento de transportadoras e agências de navegação

O principal objetivo deste regulamento é regular a entrada no mercado dos transitários e dos agentes de navegação. No entanto, é o único regulamento que trata especificamente de questões relacionadas com os transitários. As disposições do regulamento tratam, em geral, dos deveres e da responsabilidade dos transitários, bem como das condições de obtenção de uma licença. Além disso, o regulamento trata dos poderes das várias autoridades públicas em relação às operações de trânsito. Um dos aspectos mais importantes do regulamento são as "definições".

O termo "transitário" é definido no n.º 1 do artigo 2.º da seguinte forma: "Por 'transitário' entende-se a representação do destinatário ou do expedidor, no território nacional ou no estrangeiro, no cumprimento das formalidades aduaneiras, portuárias e outras relativas à carga importada e exportada do porto, incluindo o transporte e a entrega dessa carga". Uma simples leitura desta disposição permite muitas interpretações, mas a palavra "representação" poderia fazer do transitário um agente. No entanto, a disposição ainda não é clara quanto ao estatuto jurídico do transitário.

Na ausência de uma disposição clara no regulamento para determinar o estatuto jurídico de um transitário, caberá aos tribunais interpretar o estatuto jurídico do transitário com base na natureza dos direitos e obrigações estabelecidos no contrato escrito, na designação e na forma como a empresa de transporte recebe o pagamento, no tipo de fatura emitida, nos encargos cobrados, nas práticas comerciais entre as duas partes e noutras informações sobre a execução efectiva do contrato.

[109]Além disso, o regulamento contém uma disposição muito limitada relativa à responsabilidade do transportador e é omisso quanto às limitações de responsabilidade, à liberdade do transportador e às questões relativas às mercadorias perigosas; isto pode dever-se ao facto de o regulamento se destinar a tratar de questões de autorização. No entanto, as questões de responsabilidade são extremamente importantes, nomeadamente no que respeita às obrigações, responsabilidades e responsabilização. Na ausência de regulamentação jurídica clara em matéria de responsabilidade, o transitário está exposto a riscos mais

---

[109] Artigo 12º, Responsabilidade do transitário e do agente transitário: 1) O transitário ou o agente transitário deve cumprir as suas obrigações com a devida diligência. 2) É responsável pelo incumprimento das suas obrigações, nomeadamente por perda, falta ou avaria da mercadoria ou por atraso na entrega da mercadoria.

elevados no decurso das suas actividades; espera-se frequentemente que o transitário descreva a responsabilidade contratual nos Termos e Condições Gerais (TCG). No entanto, as disposições legais tendem a definir a responsabilidade geral, ao passo que os TCG contêm regras pormenorizadas para o transporte e as operações quotidianas.

Em conformidade com o artigo 3º do regulamento, as funções do transitário são as seguintes serviços portuários; desalfandegamento; agrupamento/consolidação; serviços de armazenagem e de entrega; serviços relativos ao equipamento de movimentação; serviços de transporte quando o transitário presta ele próprio esses serviços; transporte da carga por outros transportadores quando ele ou o proprietário da carga não dispõem de serviços de transporte; serviços de fumigação; serviços de embalagem; preparação e emissão de documentos adequados; cumprimento da regulamentação relativa ao comércio externo e instruções relativas a cartas de crédito; seleção do transportador mais adequado e celebração do contrato de transporte; acompanhamento dos movimentos de carga; serviços de consultoria marítima.

Os transitários oferecem frequentemente serviços combinados, mas nem sempre o desalfandegamento e, *de facto,* a gestão da cadeia de abastecimento. No caso do transporte internacional de mercadorias por via marítima, isto pode ajudar a definir o transitário em sentido estrito; principalmente
A regulamentação pode centrar-se nos serviços/agentes de desalfandegamento ou nos serviços exclusivamente logísticos, como a armazenagem.

[110]O artigo 6.º do regulamento estabelece as condições para a obtenção de uma licença e a disposição parece ter por objetivo controlar o número de operadores, proteger os operadores nacionais dos operadores estrangeiros e retirar do sector os operadores não qualificados. De um modo geral, para obter uma licença, um transitário deve ter um capital/ativo mínimo, estar fisicamente presente, dispor de pessoal (qualificações mínimas para a gestão) e discriminar os operadores estrangeiros.

O regulamento é omisso quanto ao seu âmbito de aplicação. O âmbito de

[110] Condições para a concessão da licença: Para obter uma licença de agência de navegação ou de agência marítima, o requerente deve preencher as seguintes condições: a) ser de nacionalidade etíope ou de um país que tenha concluído um acordo correspondente com a Etiópia; b) ter um capital mínimo de birrs: 1.500.000 (um milhão e quinhentos mil) para a agência de navegação; 1.000.000 (um milhão) para a agência marítima; 2.200.000 (dois milhões e duzentos mil) para os dois departamentos da agência; c) Ser ela própria qualificada ou dispor de pessoal qualificado com conhecimentos e experiência em matéria de transportes internacionais, nomeadamente marítimos, comprovados por um certificado de competência emitido pelo Ministério dos Transportes e Comunicações; d) Dispor de um escritório equipado com telefone, fax, telex e outro material moderno pertinente; e) Apresentar os estatutos e um ato constitutivo, se se tratar de uma sociedade.

aplicação parece ser uma questão operacional, mas as autoridades estão a definir um âmbito de aplicação para controlar as actividades dos transitários na área autorizada pela licença, em especial para controlar a forma como os transitários tratam as mercadorias internacionais em trânsito (transfronteiriças), bem como as actividades de transporte nacionais.

5. RECOMENDAÇÕES E CONCLUSÕES

Em princípio, existem várias abordagens para a adoção e aplicação da regulamentação do transporte marítimo. Os países avançados neste sector têm regras tanto para o acesso ao mercado como para os requisitos operacionais, sendo ambos frequentemente estabelecidos a nível governamental. O Regulamento n.º 37/1998 do Conselho de Ministros relativo à autorização dos transitários e das agências de navegação é mais um regulamento de acesso ao mercado, mas os regulamentos operacionais são também muito importantes. As regras operacionais contêm geralmente disposições sobre responsabilidade e respectivas excepções, condições aplicáveis às partes contratantes, seguro de responsabilidade e limitações de responsabilidade.

A definição de transitário está a tornar-se problemática, uma vez que a forma mais avançada de transitário está a emergir nas tendências globais. Por conseguinte, seria uma boa ideia regulamentar o transitário na Etiópia, uma vez que toda a economia global funciona agora ao abrigo da *cláusula "del credere for liability"* e qualquer outra forma mais pequena de transitário está destinada a desaparecer devido à crescente procura de um pacote completo de serviços por parte das empresas. Os pequenos transitários que não assumem a responsabilidade pelas acções do transportador não poderão satisfazer as exigências da indústria de importação-exportação.

Atualmente, um transportador que opera no mercado tem o estatuto de empresa de transporte multimodal. Este conceito implica a responsabilidade por todo o trajeto de transporte, pelo que a questão da representação e o problema da atribuição não têm qualquer utilidade prática. Como solução, a Etiópia deve promover progressivamente a aplicação de regras normalizadas, actualizando as condições-tipo das associações de transportadores, como a FIATA. A Etiópia deve promover progressivamente a aplicação de regras normalizadas através da atualização das condições-tipo das associações de transportadores, como a FIATA, o que também contribui para a criação de disposições normalizadas para definir a responsabilidade contratual dos transitários e as suas regras comerciais quotidianas através de condições gerais.

O transitaÂ rio, como responsaÂ vel principal ou agente, encontra-se perante um dilema quanto ao aÃ mbito da sua responsabilidade. Para resolver este problema, é necessário estabelecer condições gerais que reconheçam o transitário como contratante principal e que definam claramente as condições, limitações e exclusões relativas à sua responsabilidade jurídica.

Quando se trata de regulamentar a autorização para operar como transitário, é do interesse da Etiópia aderir à Comunidade da África Oriental. Em 2013, esta comunidade introduziu o East African Customs Freight Forwarding Practicing Certificate (EACFFPC), que se tornou obrigatório em todos os países da África Oriental para trabalhar no sector da compensação e expedição.[111]

Em resumo, com o desenvolvimento das relações económicas e comerciais entre a Etiópia e a comunidade internacional, é inevitável um quadro jurídico abrangente que regule os transitários para o futuro desenvolvimento do sector marítimo. Atualmente, os transitários etíopes estão sujeitos a leis desactualizadas que pouco contribuem para regulamentar o sector. Além disso, é essencial promover a utilização de modelos de regulamentos pelas associações de transitários e compreender as caraterísticas dos modelos de regulamentos aquando da elaboração da legislação. É importante que o país crie disposições legais que protejam a posição dos transitários, especialmente tendo em conta o papel importante que desempenham no desenvolvimento dos transportes na Etiópia.

[111] https://www.trademarkea.com/press-releases/1391/#.

BIBLIOGRAFIA*

Livros

- Alan E. Branch, International Purchasing and Management, THOMSON, Londres, 2000.
- Alexander von Ziegler, The Rotterdam Rules 2008 (Chester D. Hooper, Arbitration), Kluwer Law International BV, Países Baixos, 2010.
- David A Glass, Freight Forwarding and Multimodal Transport Contracts, segunda edição, Routledge, Londres, 2012.
- Hans Joachim Schramm, Freight Forwarder's intermediary role in Multimodal transport chains: The social network approach, SpringerVerlag Berlin Heidelberg, 2012.
- Paul Bugden, Freight Forwarding and Goods in Transit, Sweet & Maxwell, Londres, 1999.
- William Tetley, Marine Cargo Claims, quarta edição, Yvon Blais, Canadá, 2008.

Artigo

- A.V. Chebotarenko e V.P. Lebedev, Freight Forwarder as a Carrier and Professional Intermediary (Ucrânia: International Law Offices, 17 de janeiro de 2011).
- Anastasiya Kozubovskaya Pelle, Poderá o DCFR ser uma resposta à falta de harmonização no domínio do direito marítimo? Parte I - Qualificação jurídica, http://www.esl.eur.nl/fileadmin/ASSETS/frg/privaatrecht/ristl/Presentaties/Kozubovskaya Pelle.docx
- Borka Tushevska, Civil Law versus Common Law Concept of Freight Forwarders (Balkan Social Science Review, Vol. 4, dezembro de 2014).
- Jan Ramberg, Unification du droit des transports internationaux de marchandises (artigo: RDU 1998-1), http://www.unidroit.org/english/publications/review/articles/1998-1-ramberg-e.pdf
- Kofi Mbiah, Atualização das regras para o transporte internacional de mercadorias por mar: as regras de Roterdão, http://www.comitemaritime.org/Uploads/Rotterdam%20Rules/Paper%20von%20Kofi%20Mbiah.pdf
- Mandy Verena Rigtering, Stuck in the Middle-Part A-Functions of the Freight Forwarder (Universidade da Cidade do Cabo),

http : //www.forwarderlaw.com/library/view.php ? artigo id=7 3 5

- Michael Sturley, Questions of balance in the Rotterdam Rules (Faculdade de Direito da Universidade do Texas), http://www.rotterdamrules.com/sites/default/files/Questions-of- balance-in-the-Rotterdam-Rules-Lloyd's-List-27-08-2009.pdf
- Patrick J. Bonner, As regras de Roterdão, http://www.freehill.com/articles/The Regras de Roterdão.pdf
- White Law Twining Law Corporation, Freight Forwarders: Agent vs. Client (TRUCKING NEWS: 26 de abril de 2013), file:///C:/Users/admin2/Downloads/news publications.pdf
- William Leung, transportadora: agente ou contratante principal (Hong Kong), http://info.hktdc.com/shippers/vol29 3/vol29 3. legalframework.htm

Relatórios de workshops

- Documento de posição conjunta do CLECAT e da FIATA sobre o seminário da UNECE sobre: O papel dos transportadores e da logística nas cadeias de transporte intermodais (documento de posição conjunta, junho de 2014).
- Posição da FIATA sobre as Regras de Roterdão (Doc. MTI/507, Anexo II), https://www.uncitral.org/pdf/english/texts/transport/rotterdam rules/FIATApaper.pdf

Documentos de formação

- Associação das Nações do Sudeste Asiático (ASEAN), materiais de formação sobre a gestão dos riscos (incluindo as convenções internacionais) no âmbito do projeto "Desenvolvimento sustentável dos recursos humanos nos serviços de logística" (Japão, 2014).

Sítio Web

- http://temando.blogspot.com.mt/2013/1 0/a-short-but-surprising-history-of-.html,
- http://pdf.usaid. gov/pdf docs/Pnadl 101 .pdf
- http://fiata.com/uploads/media/Model Regras 07.pdf
- http : //www.universalcargo .com
- http : //www.forwarderlaw.com/library/view.php ? artigo id=7 3 6

- http : //www.forwarderlaw.com/library/view.php ? artigo id=7 3 6
- file:///C:/Users/admin2/Downloads/macquarie_law journal _volum e 14 2014-peter cain.pdf
- http : //www.universalcargo .com
- http : //eur-lex.europa. eu/legal-content/DE/ALL/?uri=CELEX:41980A0934
- http: //www.bus.tu.ac.th/usr/ruth/thesis/chapter2. pdf
- http://unctad.org/en/docs/posdtetlbd2.en.pdf
- http : //www.rotterdamrules2009.com/cms/index.php
- http://magraths.ca/2009/07/rotterdam-rules-ii-major-changes/
- https://www.academia.edu/1162435/Multimodal Transporte de mercadorias ao abrigo da legislação etíope Revue de droit éthiopien Vol. XXII NO. I 2009
- https : //www.trademarkea.com/press-releases/1391/#

Entrevistas

- Entrevistas pessoais com transitários etíopes membros da Ethiopian Freight Forwarders and Ship Agents Association (os nomes dos entrevistados não são publicados por razões de confidencialidade).
- Entrevistas pessoais com importadores e exportadores etíopes (os nomes dos entrevistados não são publicados por razões de confidencialidade).

- ndTodas as fontes correspondem à situação em 2 de maio de 2016.

MIX
Papier aus verantwortungsvollen Quellen
Paper from responsible sources
FSC® C105338

Printed by Books on Demand GmbH, Norderstedt / Germany